Docteur CHAMBRELENT

TITRES

ET

TRAVAUX SCIENTIFIQUES

GRADES UNIVERSITAIRES

TITRES HONORIFIQUES
ET RÉCOMPENSES

SERVICES DANS LES HOPITAUX

Elève stagiaire a l'hopital Saint-André de Bordeaux:
Service du Professeur Azam 1876
Interne adjoint des hopitaux de Bordeaux :
Service du Dr Montalier 1877
Service du Professeur Denucé 1878
Interne titulaire des hopitaux de Bordeaux :
Service du Professeur Moussous (clinique obsté-
tricale) 1879
Service du Professeur Badal (clinique ophtalmo-
logique) 1880
Service du Dr Gervais (hôpital des enfants) 1881
Service du Dr Picot (clinique médicale) 1881
Service du Dr Flornoy, de la Maternité à l'hôpital
Pellegrin 1882
Elève stagiaire :
Service du Professeur Pinard, à l'hôpital Lariboi-
sière, à Paris 1883
Chef de clinique médicale :
Service du Professeur Picot, à l'hôpital Saint-
André de Bordeaux 1884-1886
Chef de clinique obstétricale :
Service du Professeur Moussous, à l'hôpital Saint-
André de Bordeaux 1886-1888
Attaché comme préparateur au service du Profes-
seur Tarnier, a la clinique obstétricale de la
Faculté de médecine de Paris 1890-1892
Accoucheur adjoint des hopitaux de Bordeaux :
Attaché au service d'isolement de la Maternité .. 1909
Accoucheur honoraire des hopitaux de Bordeaux.... 1909

ENSEIGNEMENT

Faite sur la demande du doyen de la Faculté de médecine de Bordeaux, au Comité départemental d'hygiène sociale du Lot-et-Garonne.

Faites à l'hôpital auxiliaire n° 101 du gouvernement militaire de Paris et à l'*Union des Femmes de France*.

Fait avec l'autorisation du Directeur du Service de santé du gouvernement militaire de Paris, dans le service du Professeur Bar, à la Faculté de Médecine de Paris.

SERVICES DANS L'ARMÉE

I

MÉMOIRES ORIGINAUX

RELATIFS A L'OBSTÉTRIQUE

1. **Recherches sur le passage des éléments figurés à travers le placenta, suivies de considérations sur la variole fœtale et la vaccination congénitale.**

Thèse inaugurale, Bordeaux 1882.

Ce mémoire, qui a fait le sujet de notre thèse inaugurale, a été écrit en 1882, alors que nous étions interne à l'hôpital Pellegrin et chargé du service de la maternité. Une épidémie de variole grave sévissant alors à Bordeaux, nous avions eu occasion d'observer à Pellegrin plusieurs cas de variole chez des femmes enceintes et avions pu remarquer la transmission de la variole de la mère au fœtus. Ces cas étaient en désaccord avec la loi Brauell-Davaine, alors admise par tous les accoucheurs et qui admettait l'indépendance absolue de la circulation maternelle et de la circulation fœtale, s'appuyant sur les expériences faites en France par Davaine et en Allemagne par Brauell, qui, ayant inoculé des femelles pleines avec la bactérie charbonneuse, n'avaient pu retrouver la bactérie dans le sang des fœtus. Comment concilier ces faits avec les cas indiscutables de variole fœtale. Dans une visite que nous fit à Pellegrin M. Emile Roux, alors préparateur de Pasteur à l'Ecole normale supérieure, nous lui soumîmes nos observations; elles l'intéressèrent vivement; il nous engagea à faire des recherches sur le passage des microbes à travers le placenta, et voulut bien nous offrir de nous diriger dans ces expériences. La bactériologie était alors tout à ses débuts, et le nombre des microbes bien isolés extrêmement rare.

M. Emile Roux fit venir de son laboratoire de l'Institut Pasteur une culture pure de microbes du choléra des poules, qu'il avait tout particulièrement étudié, et au laboratoire de la Faculté des sciences de Bordeaux, nous commençâmes, sous la direction d'Emile Roux, une série d'expériences sur des lapines pleines. Ces expériences sont relatées en détail dans notre thèse inaugurale : elles nous ont permis de démontrer d'une façon *indubitable* le passage du microbe du choléra des poules à travers le placenta.

Ces expériences ont été confirmées depuis par tous les auteurs qui se sont occupés de cette question, et par nous-même par des expériences entreprises depuis sur les autres microbes pathogènes.

Ces résultats donnaient l'explication des cas de variole fœtale que la clinique nous avait révélés.

Ils expliquaient également les faits d'immunité congénitale à la vaccine résultant de la vaccination de la femme pendant sa grossesse.

Reprenant les recherches faites en Allemagne par Burckardt, nous avons vacciné un certain nombre de femmes enceintes de la Maternité de Bordeaux, et nous avons pu également constater que la vaccination pratiquée avec succès pendant la grossesse pouvait dans certains cas donner l'immunité vaccinale à l'enfant.

2. Des résultats obtenus par la méthode de Lister dans le traitement des infections puerpérales.

Mémoire couronné par la Société de Médecine de Bordeaux.
Prix Jean-Dubreuilh, 1884.

Ce mémoire a été écrit en 1883, pour répondre à une question posée en ces termes par la Société de Médecine et de Chirurgie de Bordeaux. C'est dire que le titre nous en a été imposé. Il serait mieux intitulé : « Des résultats obtenus en obstétrique par l'emploi de la méthode antiseptique. »

A l'époque où il a été publié, la méthode antiseptique, qui se confondait encore avec la méthode de Lister en chirurgie, venait d'entrer dans la pratique obstétricale, et son application par Tarnier à la Maternité de Paris commençait à donner des résultats très heureux.

C'est ce qui avait déterminé la Société de Médecine et de Chirurgie de Bordeaux, qui avait à choisir un sujet de mémoire sur l'obstétrique, pour le concours du prix Jean-Dubreuilh, à proposer cette question.

Nous proposant d'y répondre, nous nous rendîmes à Paris, où l'on venait de créer des services spéciaux d'accouchements dans les hôpitaux. Nous visitâmes la Maternité, les services de MM. Pinard, Budin et Ribemont. Nous eûmes la bonne fortune d'être attaché pendant trois mois au service de M. Pinard, à l'hôpital Lariboisière, et pûmes ainsi étudier la pratique de l'antisepsie en obstétrique. Nous nous rendîmes ensuite en Angleterre et visitâmes les diverses Maternités de Londres et le service du Professeur Lister, qui nous initia aux pratiques de sa méthode.

Nous pûmes ainsi recueillir de nombreux documents, qui nous permirent de répondre à la question proposée par la Société de médecine de Bordeaux, qui nous fit le très grand honneur de nous accorder le prix Jean-Dubreuilh.

Dans ce mémoire, nous insistâmes d'une façon toute particulière sur les modifications qui nous paraissaient utiles d'introduire dans les services de la Maternité et de la clinique obstétricale de Bordeaux, pour les mettre à l'abri des épidémies de fièvre puerpérale. C'est à la suite de la publication de ce mémoire que l'administration des hospices de Bordeaux a décidé la création d'un service d'isolement à Canolle.

3. Sur un nouveau crochet destiné à extraire des organes génitaux la tête du fœtus séparée du tronc.

Société de médecine de Bordeaux, 1887.

Il est ordinairement très difficile et souvent même impossible avec les instruments dont disposent les accoucheurs de retirer de l'utérus la tête du fœtus séparée du tronc à la suite d'une embryotomie, surtout dans les bassins rétrécis.

Témoin à plusieurs reprises de ces énormes difficultés, nous eûmes l'idée de faire fabriquer un crochet analogue à celui dont se servent les vétérinaires pour tirer sur le maxillaire du fœtus des grandes espèces animales, dans les accouchements dystociques. Ce crochet, de dimensions beaucoup moindres, peut être également appliqué sur le maxillaire inférieur du fœtus humain, et permettre ainsi de retirer la tête fœtale, même lorsque le bassin est rétréci. Une série d'expériences faites à la Maternité de Bordeaux nous ont donné les résultats les plus satisfaisants.

4. Contribution à l'étude des rapports de la grossesse et des maladies du système nerveux.

Mémoire publié dans le *Journal de médecine de Bordeaux*, 1889.

Ce mémoire comprend un certain nombre d'observations originales recueillies pendant que nous étions chef de clinique obstétricale à la Faculté de médecine de Bordeaux.

Elles ont trait à des cas d'hystérie, d'épilepsie, de tabes spasmodique, observés chez les femmes enceintes.

Nous avons essayé de montrer, d'après ces observations, que les affections du système nerveux n'avaient guère d'influence sur la marche de la grossesse, mais qu'au contraire la grossesse avait une influence très manifeste sur ces affections.

Cette influence de la grossesse sur les affections du système nerveux est très variable; elle est tantôt favorable, tantôt défavorable, sans qu'on puisse dire *a priori* dans quel sens elle s'exercera.

Mais, fait intéressant à noter, il semble que cette influence est toujours la même chez une même malade dans ses grossesses successives.

Un autre point intéressant, qui paraît ressortir d'une de nos observations, c'est que deux affections distinctes du système nerveux peuvent être influencées en sens inverse.

Dans l'observation à laquelle nous faisions allusion, il s'agissait d'une femme qui présentait des crises parfaitement distinctes d'hystérie et d'épilepsie; dans deux grossesses successives, on vit les crises d'hystérie disparaître complètement, tandis que les crises d'épilepsie devenaient beaucoup plus fréquentes.

---

5. De la méningite aiguë pendant la grossesse. Opportunité de provoquer l'accouchement.

Annales de gynécologie et d'obstétrique, 1889.

Dans ce mémoire, nous relatons un certain nombre d'observations, dont trois personnelles, recueillies à l'hôpital Saint-André de Bordeaux, de méningite aiguë survenue chez des femmes enceintes, ayant amené la mort de la malade sans interruption de la grossesse. Le fœtus n'avait succombé que peu de temps avant la mort de la mère.

Les fœtus ne sont le plus généralement pas tuberculeux. Il nous paraissait donc intéressant de poser la question d'opportunité d'un accouchement prématuré dès le diagnostic de méningite bien établi.

---

6. Etude clinique sur l'atrophie congénitale ou acquise des membres inférieurs dans ses rapports avec la grossesse et l'accouchement.

Annales de gynécologie, 1890.

Ce mémoire porte sur un certain nombre d'observations recueillies dans le service d'accouchement de M. le Docteur Pinard, à l'hôpital Lariboisière.

Les viciations pelviennes consécutives à l'atrophie des membres inférieurs, survenues chez la femme à la suite de paralysie infantile, sont généralement peu marquées, et le plus ordinairement ne sont pas une cause directe de dystocie.

---

7. Recherches expérimentales sur le passage des microbes pathogènes à travers le placenta.

En collaboration avec le Docteur Sabrazès.
Société obstétricale de France, avril 1893.

Lorsque nous avions entrepris, en 1882, avec Emile Roux nos premières recherches sur le passage des microbes à travers le placenta, nous n'avions pu expérimenter que sur le microbe de la maladie connue sous le nom de *choléra des poules*, qui, à cette époque, était un des rares microbes bien isolé et cultivé. En 1892, c'est-à-dire dix années après nos premières expériences, la bactériologie avait fait de très grands progrès. Nombre de microbes pathogènes avaient pu être isolés et cultivés; nous pensâmes qu'il pouvait être intéressant de vérifier si, conformément à ce que nous avions constaté pour le *choléra des poules*, les microbes pathogènes des différentes infections humaines pouvaient se transmettre de la mère au fœtus à travers le placenta.

Dans le laboratoire et sous la direction du Docteur Sabrazès, nous instituâmes une série d'expériences portant sur le streptocoque, le staphylocoque doré, le bactérium colic commune, qui nous permirent de démontrer d'une façon irrécusable le passage de ces microbes de la mère au fœtus. Ces expériences ont été présentées en détail en collaboration avec le Docteur Sabrazès à la Société d'anatomie et de physiologie de Bordeaux (Voir page 27.) et à la Société de biologie de Paris, en 1893. Dans ce travail d'ensemble, nous avons voulu attirer l'attention de nos collègues de la Société obstétricale de France sur les résultats que nous avions obtenus.

---

8. Etude critique et expérimentale sur la théorie microbienne de l'éclampsie.

Société obstétricale de France, avril 1893.

Dans ce mémoire, nous avons cherché à démontrer que, malgré ce qu'avaient avancé certains auteurs, l'éclampsie puerpérale n'est pas une maladie de nature microbienne, mais qu'elle est toujours due à une auto-intoxication.

---

9. Des causes de la mortalité fœtale dans l'éclampsie.

Société obstétricale de France, avril 1895.

Dans ce mémoire, présenté à la session de 1895 de la Société obstétricale de France, nous avons étudié les causes qui peuvent expliquer la grande mortalité fœtale que l'on observe dans l'éclampsie puerpérale. Ces causes sont multiples. Le fœtus participe à l'auto-intoxication maternelle, ainsi que le démontrent les lésions anatomiques que nous avons étudiées en collaboration avec le Docteur Cassael, sur des fœtus provenant de mères atteintes d'éclampsie. (Voir page 39.)

Le fœtus succombe également souvent par suite des phénomènes d'asphyxie qui accompagnent les crises d'éclampsie, d'où la nécessité de terminer rapidement l'accouchement toutes les fois que les conditions le permettent.

---

10. Traitement de la septicémie puerpérale par les abcès de fixation.

Mémoire présenté au Congrès d'obstétrique de Bordeaux, 1895.

Nous avons étudié dans ce mémoire une série d'observations recueillies au service d'isolement de la clinique obstétricale, et nous avons établi les bons effets obtenus dans le traitement de l'infection puerpérale par la méthode récemment préconisée de la formation des abcès de fixation.

---

11. De l'épilepsie pendant la grossesse. Son influence sur l'état de santé de l'enfant.

Mémoire publié dans la *Gazette hebdomadaire de Médecine de Bordeaux*, 1896.

Dans ce mémoire, nous relatons un certain nombre d'observations recueillies dans les hôpitaux de Bordeaux, qui nous ont permis de préciser l'influence réciproque de l'épilepsie et de la grossesse, et son retentissement sur l'état de santé de l'enfant.

---

12. Influence des maladies du poumon de la mère sur l'état de santé de fœtus.

Mémoire inédit couronné par l'Académie de médecine de Paris.
Prix Capuron, 1896.

Ce mémoire a été écrit, en 1895, pour répondre à la question proposée par l'Académie de médecine pour le prix Capuron. Il est appuyé sur des expériences personnelles et de nombreuses observations cliniques.

La commission, composée de MM. Tarnier, Budin et Porak, rapporteur, l'a ainsi jugé :

« Le mémoire n° 3, devise : « *Ceci est œuvre de bonne foy* », est un travail remarquable. Il est bien resté limité à la question posée par l'Académie. On y trouve de très nombreuses observations personnelles... », et l'a classé avec le n° 1.

L'Académie lui a accordé le prix Capuron pour l'année 1896.

13. De la transmission à travers le placenta du bacille de la tuberculose.

En collaboration avec le Docteur Auché.
Mémoire publié par les *Archives de médecine expérimentale et d'anatomie pathologique*, 1899.

On sait combien sont rares les cas démonstratifs de transmission de la tuberculose de la mère à l'enfant.

Ayant eu occasion d'observer au service d'isolement de la clinique obstétricale une femme atteinte de tuberculose généralisée, enceinte de sept mois environ, qui accoucha prématurément d'un enfant vivant et qui succomba trois jours après, nous pûmes constater à l'autopsie, indépendamment des lésions ordinaires de la tuberculose pulmonaire, des lésions bacillaires dans le foie, la rate et les reins, où il fut facile de constater la présence de nombreux bacilles.

Le placenta fut inoculé à des cobayes, qui moururent de tuberculose généralisée. Au point de vue microscopique, le placenta présentait de nombreux tubercules caséeux, dans lesquels on pouvait constater la présence de nombreux bacilles de Koch.

L'inoculation intra-péritonéale du sang du cordon ombilical à un cobaye détermina sa mort, avec présence de bacilles dans les organes.

L'enfant de cette femme, placé dans une couveuse, vécut vingt-six jours. A son autopsie, on constata des lésions tuberculeuses du foie et de la rate. Dans les poumons, quelques granulations grises. Dans le cœur droit, une nodosité tuberculeuse de l'endocarde; dans toutes ces lésions, existent des bacilles de Koch en nombre considérable. Le tube digestif, au contraire, ne présente aucune lésion.

Inoculés à des animaux, les fragments de rate, de poumon et de foie ont provoqué de la tuberculose généralisée.

Il paraît donc indiscutable qu'il s'agissait bien là d'un fait de transmission de la tuberculose à l'enfant par voie placentaire.

C'est là un fait extrêmement rare, dont on ne compte guère qu'une trentaine de cas analogues dans la science.

Dans leur récent travail sur la tuberculose humaine congénitale (1908), MM. Péhu et Chalier citent cette observation comme étant « sans conteste la meilleure qui ait été publiée, et qu'elle mérite d'être citée pour sa rigueur scientifique et la multiplicité des recherches auxquelles se sont livrés les auteurs ».

14. Recherches cliniques et expérimentales sur l'action des sels de quinine sur la marche de la grossesse.

En collaboration avec le Docteur Bruyère.

Communication au Congrès d'obstétrique d'Amsterdam, 1899.

Mémoire publié dans le *Journal de médecine de Bordeaux*,
11 mars et 18 mars 1900.

Après un historique complet des travaux déjà publiés sur ce sujet, nous avons réuni dans ce mémoire un certain nombre d'observations personnelles et une série d'expériences faites sur les animaux. (Voir page 33.)

Comme conclusions, nous avons émis l'opinion que l'action de la quinine sur la marche de la grossesse était éminemment variable suivant les sujets.

Il paraît donc sage d'administrer avec modération les préparations de quinine aux femmes enceintes, et de ne pas leur administrer d'emblée des doses fortes de ce médicament avant d'avoir, par l'administration de doses faibles, tâté, pour ainsi dire, la susceptibilité spéciale et très variable que peut présenter chaque femme enceinte à l'action de ce médicament.

---

15. Recherches expérimentales et cliniques sur la broncho-pneumonie dans ses rapports avec la grossesse.

Mémoire publié dans le *Journal de médecine de Paris*,
novembre 1901.

Dans ce mémoire, nous avons relaté un certain nombre d'observations de broncho-pneumonie observées chez des femmes enceintes et avons plus particulièrement insisté sur l'influence de cette affection sur l'état de santé du fœtus. Nous avons également relaté nos expériences faites en collaboration avec le Docteur Pachon sur l'influence de l'asphyxie maternelle sur la vie du fœtus. (Voir page 33.)

---

16. De la décapsulation rénale et de la néphrotomie dans le traitement des formes graves de l'éclampsie puerpérale.

En collaboration avec le Professeur Pousson.

Bulletin de l'Académie de médecine, 3 avril 1906.

Ce travail a eu pour point de départ l'observation d'une femme atteinte d'éclampsie puerpérale extrêmement grave, qui, depuis vingt-quatre heures, était dans un état d'anurie à peu près complet. L'état de cette femme nous paraissait absolument désespéré; nous la fîmes conduire dans le service de M. le Professeur Pousson, afin qu'elle fût soumise à la décapsulation des reins, qui, quelques mois auparavant, avait donné d'heureux résultats au Docteur Edebohls (de New-York).

Dès l'arrivée dans son service, M. Pousson pratiqua chez cette femme une décapsulation rénale bi-latérale et une néphrotomie à droite. Aussitôt, la sécrétion des urines se rétablit très abondante. Et au bout de quelques jours, la malade sortait guérie du service de M. Pousson.

C'est le premier cas d'éclampsie puerpérale qui ait été traité en France par ce mode d'intervention opératoire.

Ce travail a été présenté, au nom de M. Pousson et au nôtre, par le Professeur Pinard à l'Académie de médecine de Paris, et a fait le sujet d'un important rapport, dont les conclusions ont été adoptées par l'Académie.

OUVRAGE DIDACTIQUE

17. La pratique de l'art des accouchements.
Publié sous la direction de Paul Bar, A. Brindeau et J. Chambrelent.

En 1907, notre maître, le Docteur Bar, alors professeur agrégé d'accouchements à la Faculté de médecine de Paris, nous a fait le très grand honneur de nous associer avec notre collègue le Docteur Brindeau, professeur agrégé à la Faculté de médecine de Paris, à la direction de cet important traité de pratique obstétricale. Nous avons été particulièrement chargé, en collaboration avec le Docteur Cathala, accoucheur des hôpitaux de Paris, de la rédaction de la partie de ce livre relative à la pathologie puerpérale.

Une seconde édition de cet ouvrage a paru en 1909. Enfin, une troisième édition, revue et augmentée, a été publiée en 1914, et est aujourd'hui à peu près complètement épuisée.

18. Contribution à l'étude de la gravité de la phtisie laryngée chez la femme enceinte.

Mémoire présenté à la Société d'obstétrique de Paris,
1er juillet 1909.

Dans ce mémoire, nous appelons l'attention des accoucheurs sur l'extrême gravité que présente la tuberculose laryngée lorsqu'elle évolue chez une femme enceinte, et sur l'opportunité qu'il pourrait y avoir à provoquer l'accouchement dans l'intérêt de sauvegarder la vie de l'enfant.

---

19. Le salvarsan chez le nouveau-né.

Rapport présenté à la XVe session de la Société obstétricale de France,
à Paris, octobre 1912.

L'emploi du salvarsan dans le traitement de l'hérédo-syphilis avait été très discuté à l'étranger, et particulièrement en Allemagne.

La Société obstétricale de France décida de mettre cette question à l'ordre du jour de sa quinzième session, qui devait se tenir à Paris au mois d'octobre 1912. Elle voulut bien nous désigner comme rapporteur de cette importante question.

Dans notre rapport, nous avons analysé tous les travaux publiés en France ou à l'étranger sur l'emploi du salvarsan chez le nouveau-né et les résultats obtenus.

Deux méthodes ont été mises en usage pour traiter les nouveau-nés par le salvarsan : 1° la voie indirecte, qui consiste à donner le salvarsan à la nourrice ou à un animal destiné à fournir le lait à l'enfant; 2° la voie directe, consistant à administrer à l'enfant lui-même le médicament par l'emploi d'injections sous-cutanées ou intra-veineuses.

Nous pûmes réunir cinquante et une observations d'administration du salvarsan par voie indirecte et un nombre considérable d'observations d'administration par voie directe. De l'analyse de ces observations, nous avons cru devoir tirer les conclusions suivantes :

« La méthode d'Ehrlich, appliquée au traitement de la syphilis des nouveau-nés, bien qu'encore d'une application délicate et non exempte de quelques dangers, est susceptible de rendre des services, sans cependant exclure l'ancienne méthode de traitement par le mercure et l'iodure de potassium, qui, comme s'accordent à le reconnaître les partisans les plus convaincus de la nouvelle méthode de traitement, doit rester un complément très important du traitement des nouveau-nés par le salvarsan. »

----

20. La question du lait dans ses rapports avec la lutte contre la mortalité infantile.

Mémoire couronné par l'Académie de médecine.
(Médaille d'argent de l'hygiène de l'enfance), 1913.

Dans ce mémoire présenté à la Société d'agriculture de la Gironde le 7 mai 1913, nous nous sommes efforcé de montrer l'importance capitale d'avoir à la disposition des nourrissons un lait d'une qualité irréprochable.

Nous nous sommes appuyé sur ce qui a été fait à cet égard dans certaines régions de la France et à l'étranger, et plus particulièrement en Norvège, où les étables appelées à fournir le lait destiné aux nouveau-nés sont d'une propreté parfaite et placées sous la surveillance médicale et vétérinaire. C'est grâce à ces mesures que la mortalité infantile n'est plus actuellement que de 6 % pour les enfants de zéro à un an en Norvège, tandis qu'elle est encore supérieure à 12 % en France.

Nous avons essayé de montrer l'importance de la surveillance des animaux producteurs de lait au point de vue de la tuberculose. En Norvège, on ne tolère pas dans les étables dont les vaches sont destinées à fournir du lait de nourrisson la présence d'un animal atteint de tuberculose, tandis qu'en France un grand nombre de vaches atteintes de tuberculose continuent encore à fournir le lait que consomment les nourrissons. Nous avons également montré toute l'importance de surveiller l'alimentation des vaches laitières, certains aliments, les drèches et les résidus de brasserie, pouvant rendre le lait nocif et devenir ainsi une cause de mortalité infantile.

---

21. Statistique raisonnée de la morti-natalité en France.

Revue scientifique, 1er et 6 juillet 1916.

Ce mémoire est une étude très complète des statistiques officielles publiées en 1907-1908-1909 et 1910 par le Ministère du Travail et de la Prévoyance sociale. En comparant ces statistiques entre elles, nous avons pu arriver à d'importantes constatations, qui ont fait le sujet d'une série de communications à la Société de médecine de Bordeaux, en 1912, puis à la Société d'obstétrique et de gynécologie de Paris, en 1916 et 1917. Elles nous ont permis de conclure qu'en France le nombre de mort-nés par rapport au nombre des enfants nés vivants avait un coefficient très sensiblement le même pendant les quatre années que nous avons étudiées, et qui varie entre 47,6 et 46,5 pour 1,000;

Que le nombre des mort-nés est sensiblement plus élevé dans les villes que dans les campagnes, et présente un taux d'autant plus élevé que la ville est plus peuplée;

Que le nombre des mort-nés est très variable suivant la région de la France que l'on étudie à cet égard;

Que le nombre des mort-nés du sexe masculin l'emporte d'une façon très marquée et d'une façon constante sur le nombre des mort-nés du sexe féminin;

Que le nombre des mort-nés est beaucoup plus élevé chez les enfants naturels que chez les enfants légitimes.

II

RECHERCHES D'OBSTÉTRIQUE

EXPÉRIMENTALE

Depuis le début de nos études, nous nous sommes plus particulièrement occupé de recherches expérimentales destinées à faire bénéficier l'obstétrique des progrès réalisés en médecine par les découvertes récentes de la bactériologie, de la physiologie, de l'anatomie pathologique et de la radiologie. Pour donner à ces recherches toutes les garanties possibles d'exactitude scientifique, nous y avons le plus souvent associé ceux de nos confrères et de nos collègues qui, par leurs travaux, étaient le plus à même de nous guider et de nous aider de leurs conseils dans nos recherches; nous tenons, en les remerciant de leur si précieuse collaboration, à déclarer que c'est à elle que revient en grande partie le mérite des faits nouveaux dont nous avons pu faire bénéficier la pratique obstétricale.

Ces recherches expérimentales, commencées en 1882 et poursuivies jusqu'à ces dernières années, sont relatives : 1° aux infections intra-utérines et mammaires; 2° aux intoxications et aux auto-intoxications gravidiques; 3° à l'étude radiologique des modifications articulaires du bassin pendant la gestation.

I° RECHERCHES EXPÉRIMENTALES SUR LE PASSAGE DES MICROBES A TRAVERS LE PLACENTA

22. Du passage du microbe du choléra des poules à travers le placenta.

(En collaboration avec M. Emile Roux.)

Société d'anatomie et de physiologie de Bordeaux, 19 décembre 1882,
et en thèse inaugurale, Bordeaux, 1882.

Ces expériences ont été relatées en détail dans notre thèse inaugurale sur le passage des éléments figurés à travers le placenta; elles ont été faites à la Maternité de Pellegrin et au laboratoire de la Faculté des Sciences de Bordeaux, sous la direction de M. Emile Roux, alors préparateur de Pasteur, à l'Ecole normale supérieure. Elles ont établi d'une façon indiscutable, aussi bien par les examens bactériologiques que par la méthode des cultures, que le microbe du choléra des poules inoculé à des femelles en gestation se retrouvait dans le sang des fœtus, et que l'opinion classique adoptée alors par la plupart des accoucheurs de l'impossibilité du passage des microbes à travers le placenta était inexacte.

23. Recherches expérimentales sur le passage du *streptocoque* à travers le placenta.

En collaboration avec le Docteur Sabrazès.

Société d'anatomie et de physiologie de Bordeaux, décembre 1892.

24. Recherches expérimentales sur le passage du *staphylocoque doré* à travers le placenta.

En collaboration avec le Docteur Sabrazès.

Société d'anatomie et de physiologie de Bordeaux, janvier 1893.

---

25. Recherches expérimentales sur le passage du *bacterium coli commune* à travers le placenta.

En collaboration avec le Docteur Sabrazès.

Société d'anatomie et de physiologie de Bordeaux, février 1893.

Cette série d'expériences, entreprises au laboratoire du Docteur Sabrazès, à la Faculté de médecine de Bordeaux, a permis d'établir que chez les femelles en gestation les microbes pathogènes à cette époque bien isolés : le *sheptocoque*, le *staphylocoque* et le *bactérium coli commune*, passaient de la circulation maternelle dans la circulation fœtale, ainsi que nous l'avions déjà établi avec Emile Roux pour le microbe du choléra des poules.

L'ensemble de ces recherches a été présenté dans un mémoire déjà cité (Voir page 14.) à la Société obstétricale de France, à la session du mois d'avril 1893.

---

26. Recherches expérimentales et bactériologiques sur un fœtus de femme morte de tuberculose granulaire. Résultats négatifs.

Société d'anatomie et de physiologie de Bordeaux, 1886.

---

27. Recherches expérimentales et bactériologiques sur les organes d'un nouveau-né dont la mère avait succombé à une tuberculose granulaire trois jours après la naissance de l'enfant.

En collaboration avec le Docteur Auché.

Ces recherches figurent dans un mémoire déjà cité (Voir p. 17.), publié par les *Archives de médecine expérimentale et d'anatomie pathologique*, 1899.

Elles ont permis de retrouver, par l'examen bactériologique, et de confirmer, par les inoculations, la présence de bacilles tuberculeux dans les divers organes du nouveau-né.

---

28. Séro-réaction tuberculeuse du sang d'un fœtus. né d'une mère tuberculeuse.

En collaboration avec le Docteur Buard.

Revue mensuelle d'obstétrique de Bordeaux, août 1901.

---

29. Recherches expérimentales sur l'influence de la gestation sur la marche de la tuberculose.

Société d'obstétrique de Paris, 18 juin 1903.

Ces expériences ont été faites au laboratoire de médecine expérimentale du Docteur Ferré, à la Faculté de médecine de Bordeaux.

Elles ont porté sur plusieurs séries de femelles en gestation et d'animaux témoins inoculés avec une même culture de bacilles tuberculeux.

La marche de l'infection tuberculeuse chez ces animaux ne nous a pas paru avoir été sensiblement influencée par la gestation, il est même arrivé que les animaux témoins succombaient à l'infection tuberculeuse avant les femelles en gestation.

2° RECHERCHES SUR LE PASSAGE DES MICROBES DANS LE LAIT

30. **Expériences sur le passage de la bactérie charbonneuse dans le lait des animaux atteints de charbon.**

En collaboration avec le Docteur André Moussous.
Comptes rendus de l'Académie des sciences, novembre 1883.

Ces expériences ont été faites au laboratoire de la clinique obstétricale de la Faculté de médecine de Paris. Des femelles en lactation ayant été inoculées avec des cultures de bactéridies charbonneuses, nous avons pu constater l'existence de ces bactéridies dans le lait de ces animaux.

Le résultat de ces expériences a été communiqué à l'Académie des sciences par le Professeur H. Bouley.

31. **Recherches expérimentales sur le passage des microbes dans le lait.**

En collaboration avec le Docteur André Moussous.
Archives de Tocologie, 1884.

Complétant nos premières recherches sur le passage de la bactéridie charbonneuse dans le lait par une série de nouvelles expériences, consistant à inoculer des femelles en lactation avec des cultures de choléra des poules, nous avons pu également constater, par la méthode des cultures, que ce micro-organisme se retrouvait dans le lait des animaux inoculés.

3° RECHERCHES EXPÉRIMENTALES ET ANATOMA-PATHOLOGIQUES SUR LES AUTO-INTOXICATIONS DE LA GROSSESSE

Les travaux de Bouchard avaient, en 1885, attiré l'attention sur l'importance que jouaient en pathologie générale les auto-intoxications. Il était intéressant de rechercher quel pouvait être le rôle de la grossesse dans ces différentes formes d'auto-intoxications, et si la grossesse ne pouvait pas être elle-même une cause d'auto-intoxication.

C'est ce qui nous a conduit, en 1891, alors que nous étions chargé du cours de clinique obstétricale à l'Ecole de médecine de Toulouse, à étudier à ce point de vue l'urine des femmes enceintes de notre service. Nos premières expériences ont été faites au laboratoire du Professeur Laulanié, à l'Ecole de médecine vétérinaire de Toulouse, et sous la direction de cet éminent physiologiste.

32. Recherches expérimentales sur la toxicité de l'urine des femmes enceintes.

En collaboration avec le Professeur Laubanié (de Toulouse).

Comptes rendus de l'Académie de médecine, juillet 1891.

33. Nouvelles recherches expérimentales sur l'urine des femmes dans les trois derniers mois de la grossesse et fixation du coefficient de toxicité.

En collaboration avec le Docteur Demous (de Paris).

Travail du laboratoire de la clinique Baudelocque (service du Professeur Pinard). Société de biologie, 1892.

Nommé en 1892 préparateur des cours d'accouchements à la Faculté de médecine de Paris, nous continuâmes les recherches que nous avions commencées avec le Professeur Laubanié, à l'Ecole vétérinaire de Toulouse.

Nous entreprîmes, avec la collaboration de notre camarade le Docteur Demous, élève stagiaire à la clinique Baudelocque, une nouvelle série d'expériences sur la toxicité de ces urines, soit dans la grossesse simple, soit dans la grossesse s'accompagnant de symptômes d'auto-intoxication.

---

34. Recherches expérimentales sur la toxicité du sérum sanguin chez les éclamptiques.

En collaboration avec le Professeur Tarnier.

Comptes rendus de l'Académie de médecine. Société de Biologie.

Annales de gynécologie et d'obstétrique, 1893.

Nos recherches sur la toxicité urinaire des femmes enceintes avaient beaucoup intéressé le Professeur Tarnier, qui nous demanda d'entreprendre dans son laboratoire de la clinique obstétricale de la Faculté de médecine de Paris des expériences sur la toxicité du sérum sanguin des femmes éclamptiques observées dans son service. A cet effet, toutes les femmes présentant des troubles d'auto-intoxication de la grossesse ou des attaques d'éclampsie étaient saignées. Le sang était recueilli, et après avoir été laissé reposé quelques heures au laboratoire, le sérum était injecté, à doses variables, dans la veine auriculaire d'une série de lapins. Nous pûmes ainsi fixer, d'une façon assez précise, la quantité de sérum nécessaire pour amener la mort de l'animal, et établir un coefficient de toxicité de ce sérum.

Nous avons ainsi démontré que, d'une façon générale, la toxicité du sérum sanguin était très manifestement augmentée chez les femmes atteintes d'auto-intoxication éclamptique.

Ces expériences ont été depuis confirmées par la plupart des expérimentateurs, et plus particulièrement par les recherches de Bar et Renon, qui en ont donné une interprétation un peu différente, voulant y voir une augmentation du pouvoir coagulant du sang des éclamptiques par rapport au sang du lapin.

----

35. Recherches expérimentales sur trois cas d'éclampsie puerpérale observés dans les hôpitaux de Bordeaux.

Société de gynécologie, d'obstétrique et de pædiatrie de Bordeaux,
février 1893.

Série de recherches bactériologiques sur le sang et l'urine de femmes atteintes d'éclampsie puerpérale, observées dans le service du Professeur Moussous, à la clinique obstétricale de la Faculté de médecine de Bordeaux.

4° RECHERCHES EXPÉRIMENTALES SUR L'INFLUENCE DE L'ASPHYXIE SUR LA PARTURITION

----

36. Influence de l'asphyxie sur la parturition.

En collaboration avec le Docteur Saint-Hilaire,
préparateur de physiologie à la Faculté de médecine de Paris.
Société de biologie, décembre 1891.

Ces premières recherches expérimentales ont été faites dans le laboratoire du Professeur Richet, à la Faculté de médecine de Paris, et nous ont permis de préciser l'influence de l'asphyxie de la mère sur la contractilité utérine.

----

37. Nouvelles recherches expérimentales sur le rôle de l'asphyxie comme cause déterminante de la parturition.

En collaboration avec le Docteur Pachon.
Société de biologie, 17 février 1899.

Reprenant, en les complétant, les recherches que nous avions commencées dans le laboratoire du Professeur Richet, nous avons pu, avec la collaboration du Docteur Pachon, dans le laboratoire de physiologie de la Faculté de médecine de Bordeaux, établir que, conformément aux faits cliniques que nous avions observés, l'asphyxie ne suffisait pas toujours, comme l'avait avancé Brown-Sequard, à faire entrer l'utérus en contraction et à amener l'expulsion du fœtus.

---

38. Action de l'acide carbonique sur l'utérus gravide.

En collaboration avec le Docteur Pachon.
Société obstétricale de Bordeaux.

39. Recherches expérimentales sur l'action des sels de quinine sur la gestation.

En collaboration avec le Docteur Bruyère.
Congrès d'obstétrique d'Amsterdam, 1899.

40. Etude radiographique du bassin de la femelle du cobaye pendant la gestation.

Recherches faites au laboratoire du Professeur Bergonié,
à la Faculté de médecine de Bordeaux.
Société de Biologie, 13 juin 1902.

41. Recherche de l'arsenic dans le lait des animaux ayant été traités par le salvarsan.

En collaboration avec M. Chevrier.
Réunion biologique de Bordeaux, 4 juillet 1911.

III

LEÇONS

SUR LA PRATIQUE OBSTÉTRICALE

PUBLIÉES DANS DIVERS JOURNAUX

OU REVUES SCIENTIFIQUES

---

42. Du cancer utérin dans l'état puerpéral.

Leçons faites à l'Ecole de médecine de Toulouse.
Gazette médico-chirurgicale de Toulouse, 1890.

Ce mémoire comprend cinq leçons cliniques faites en 1890, à l'Ecole de médecine de Toulouse, sur l'influence réciproque de la grossesse et du cancer utérin, et sur la conduite à tenir pour l'accoucheur en présence d'une femme enceinte atteinte de cancer de l'utérus.

43. De la boiterie par suite de paralysie infantile dans ses rapports avec la grossesse et l'accouchement.

Gazette médico-chirurgicale de Toulouse, 1891.

Leçon clinique sur un cas intéressant observé à la clinique obstétricale de l'hôpital Saint-Cyprien, à Toulouse.

44. De l'accouchement par le front.

Leçon clinique faite à l'Ecole de médecine de Toulouse, en 1891.
Gazette médico-chirurgicale de Toulouse, 1891.

45. De l'unité pathogénique des différentes formes de l'infection puerpérale.

Leçon faite à la Faculté de médecine de Bordeaux, en 1892.
Journal de médecine de Bordeaux, 1892.

46. De la syphilis par conception.

Leçon clinique faite à la Faculté de médecine de Bordeaux.
Gazette des sciences médicales de Bordeaux, juillet 1893.

---

47. De l'épilepsie pendant la grossesse. Son influence sur l'état de santé du fœtus.

Leçon faite à la clinique obstétricale de la Faculté de médecine de Bordeaux, le 11 octobre 1899. Publiée par le *Journal de médecine de Bordeaux*, novembre 1899.

---

48. Paludisme et grossesse.

Leçon faite à la Faculté de médecine de Bordeaux.
Journal de médecine de Bordeaux, 1894.

49. Toxicité du sérum maternel et fœtal dans l'éclampsie.

Leçon à la Faculté de médecine de Bordeaux.
Archives cliniques de Bordeaux, 1894.

50. De la fièvre typhoïde pendant la grossesse. Sero-diagnostic chez le nouveau-né.

Leçon faite à la clinique obstétricale.
Journal de médecine de Bordeaux, 1895.

51. Le rôle de l'accoucheur dans la lutte contre la mortalité infantile.

Leçon de clôture du cours complémentaire d'accouchements, faite à la Faculté de médecine de Bordeaux, le 1er mars 1913. Publiée par le *Journal de médecine de Bordeaux*, le 27 avril 1913.

En terminant le cours complémentaire dont nous avions été chargé en 1913, nous cherchions à montrer à nos élèves le rôle qu'ils auraient à jouer comme accoucheurs au point de vue de la lutte contre la mortalité infantile. Beaucoup d'enfants, plus de la moitié, meurent chaque année en France parce que la mère n'a pas reçu, pendant sa grossesse ou au moment de son accouchement, les soins nécessaires pour préserver la vie de son enfant. Enfin, cet enfant une fois né, il appartient encore à l'accoucheur de le surveiller pendant les premières semaines de son existence et de le préserver contre les dangers multiples auxquels un grand nombre d'enfants succombent pendant cette période de leur vie.

52. Du rôle de la puériculture dans la lutte contre la dépopulation de la France.

Leçon inaugurale du cours de puériculture, 19 mars 1918.
Publiée par le *Journal de médecine de Bordeaux*, mai 1918.

Dans cette leçon, nous avons cherché à démontrer aux élèves, en nous appuyant sur les statistiques officielles les plus récentes, la décroissance constante de la natalité en France, depuis le commencement du siècle dernier, et leur avons indiqué le grand rôle qu'était appelée à jouer l'étude de la puériculture en contribuant à diminuer le taux de la mortalité infantile, et les heureux résultats déjà obtenus en France par la protection des enfants du premier âge.

IV

FAITS CLINIQUES ET OBSERVATIONS

PRÉSENTÉES AUX DIVERSES SOCIÉTÉS SAVANTES

ET AUX DIFFÉRENTS CONGRÈS D'OBSTÉTRIQUE

---

53. Lésions syphilitiques du col utérin.

Société d'anatomie et de physiologie de Bordeaux, 1885.

54. Anomalies placentaires.

Société d'anatomie et de physiologie de Bordeaux, 1885.

55. Observation d'une femme soignée à la Maternité de Bordeaux ayant eu deux érysipèles de la face pendant sa grossesse et accouchée à terme d'un enfant vivant.

Thèse de Duchêne, Bordeaux, 1885.

56. Dégénérescence du placenta.

Société d'anatomie et de physiologie de Bordeaux, 1887.

57. Déchirure anormale de l'hymen chez une femme secondipare.

Société d'anatomie et de physiologie de Bordeaux, 1887.

58. Deux observations de pneumonie chez des femmes enceintes.

Thèse de Barthelemy, Toulouse, 1891.

59. Observation d'une femme enceinte atteinte de cancer du col ayant nécessité l'opération césarienne.

Gazette médico-chirurgicale de Toulouse, 1890.

60. Résumé de nos recherches expérimentales sur la toxicité du sang des éclamptiques.

En collaboration avec le Professeur Tarnier.

Communication au Congrès d'obstétrique de Bruxelles, septembre 1892.

61. Observation d'influenza à forme abdominale chez une femme enceinte.

Société d'obstétrique de Bordeaux, juin 1893.

62. Pustules varioleuses constatées chez un fœtus provenant d'une femme atteinte de variole.

Société anatomique et physiologique de Bordeaux, 20 février 1893.

63. Abcès du foie et grossesse.

Société d'obstétrique de Bordeaux, octobre 1893.

64. Sur un cas de purpura hémorragique observé pendant la grossesse.

Société d'obstétrique de Bordeaux, 1894.

65. Sur un cas d'accidents gravido-cardiaques.

En collaboration avec le Docteur Oni.

Société d'obstétrique de Bordeaux, 1894.

66. Des lésions du fœtus dans l'éclampsie puerpérale.

En collaboration avec le Docteur Cassaët.

Communication à l'Académie de médecine, 1895.

**67. Nouvelles recherches sur les lésions du foie
et du rein du fœtus dans l'éclampsie.**

En collaboration avec le Docteur Cassaët.

Congrès de gynécologie et d'obstétrique de Bordeaux, 1895.

68. Des causes de la mortalité fœtale dans l'éclampsie.

Société obstétricale de France, avril 1895.

**69. Tumeur osseuse du bassin ayant nécessité
une basiotripsie.**

Congrès d'obstétrique de Bordeaux, 1895.

**70. Traitement de la septicémie puerpérale
par les abcès de fixation.**

Congrès d'obstétrique de Bordeaux, 1895.

**71. Sur un cas de basiotripsie nécessité par le volume
exagéré du fœtus.**

Société d'obstétrique de Bordeaux, 1895.

72. Dystocie par rétraction de l'anneau de Bandl.

Société d'obstétrique de Bordeaux, 1895.

73. Sur un cas de hernie diaphragmatique congénitale.

En collaboration avec le Docteur Princeteau.

Société d'anatomie et de physiologie de Bordeaux, 19 octobre 1896.

74. Grossesse et intoxication cuprique.

Société d'obstétrique de Bordeaux, 11 février 1896.

75. Accouchement au cours d'une fièvre typhoïde.

Société d'obstétrique de Bordeaux, 10 novembre 1896.

76. Propriété agglutinative du sang chez la mère et l'enfant dans un cas de fièvre typhoïde.

Société d'obstétrique de Bordeaux, juillet 1897.

77. Abcès du poumon d'origine puerpérale.

Société d'obstétrique de Bordeaux, 23 mars 1897.

78. Broncho-pneumonie chez la mère et chez le fœtus.

En collaboration avec le Docteur Bousquet.

Société d'anatomie et de physiologie de Bordeaux, 8 février 1897.

79. Symphyséotomie avec enfant mort.

Société d'obstétrique de Bordeaux, 27 avril 1897.

80. Embryon de quelques jours inclus dans le placenta.

Société d'obstétrique de Bordeaux, 14 décembre 1897.

81. Crises d'asthme mortelle chez une femme enceinte.

Société d'obstétrique de Bordeaux, 28 décembre 1897.

82. Diphtérie grave chez une femme enceinte. Opération césarienne post-mortem n'ayant pas permis de sauver l'enfant.

Société d'obstétrique de Bordeaux, 1898.

83. Grossesse gemellaire. Rétention du second fœtus pendant douze heures.

Société d'obstétrique de Bordeaux, 1900.

Journal de médecine de Bordeaux, 25 mars 1900.

84. **De la broncho-pneumonie pendant la grossesse. Son influence sur l'état de santé du fœtus.**

Société de médecine de Bordeaux, décembre 1900.

85. **Grossesse gemellaire avec hydramnios et malformation fœtale**

Société de médecine de Bordeaux, 1901.

86. **Glycosurie chez une femme enceinte. Naissance à terme d'un enfant vivant. Présence du sucre dans l'urine de l'enfant.**

Société d'obstétrique de Paris, 21 mars 1901.

87. **A propos d'une basiotripsie.**

Société d'obstétrique de Bordeaux, 1901.

88. **Dystocie par atrésie du col.**

Société d'obstétrique de Bordeaux, 10 décembre 1901.

89. **Accouchement chez deux femmes atteintes de diabète sucré. Dystocie par volume exagéré du fœtus.**

Société d'obstétrique de Paris, 19 décembre 1901.

90. **Cas de dystocie par volume exagéré des épaules.**

Société d'obstétrique de Bordeaux, février 1902.

91. **Sur la symphysiolaxie physiologique chez la femelle du cobaye pendant la gestation.**

Société d'obstétrique de Paris, 20 novembre 1902.

92. **Rapports de la fièvre typhoïde et de la grossesse.**

Bulletin médical, 22 avril 1903.

93. **Que deviennent les enfants des femmes atteintes de fièvre typhoïde pendant la grossesse.**

Société d'obstétrique de Paris, 18 juin 1903.

94. **Sur un cas de grossesse ectopique à terme, avec communication du kyste fœtal et de la cavité utérine.**

Société d'obstétrique de Paris, 21 janvier 1904.

95. **Accouchement dans un cas de bassin fendu de Litzmam observé à la Maternité de Bordeaux.**

En collaboration avec le Docteur Chaigneau.
Société d'obstétrique de Bordeaux, 23 décembre 1904.

96. **Eclampsie puerpérale d'origine intestinale.**

Société d'obstétrique de Bordeaux, 23 décembre 1904.

97. **Récidive de grossesse tubaire chez une même femme. Inondation péritonéale. Mort.**

En collaboration avec le Docteur Begouin.
Société d'obstétrique de Bordeaux, 1905.

98. **Pityriasis rosé de Gibert chez une femme enceinte.**

Société d'obstétrique de Bordeaux, 22 mai 1906.

99. **Tumeur abdominale simulant une grossesse. Ballotement abdominal analogue au ballotement fœtal.**

Société d'obstétrique de Bordeaux, 14 décembre 1907.

100. **Sur un cas d'hydrocéphalie avec crépitation parcheminée.**

En collaboration avec le Docteur Pery.
Société d'obstétrique de Bordeaux, 12 mai 1908.

101. **Rétention placentaire.**
Journal de médecine de Bordeaux, 17 janvier 1909.

102. **Phtisie laryngée chez une femme enceinte.**
Journal de médecine de Bordeaux, 17 janvier 1909.

103. **Contribution à l'étude de la gravité de la tuberculose laryngée chez la femme enceinte.**
Société d'obstétrique de Paris, 1er juillet 1909.

104. **Névrite puerpérale guérie par des abcès de fixation.**
Journal de médecine de Bordeaux, 24 avril 1910.

105. **Placenta prœvia observé chez une femme atteinte d'affection organique du cœur.**
Congrès d'obstrétique de Toulouse, septembre 1910.

106. **Syphilis observée chez un nourrisson dont la mère est placée comme nourrice mercenaire. Conduite à tenir de la part du médecin.**
Société de médecine de Bordeaux, 1910.

107. **Présentation du front ayant nécessité une basiotripsie.**
En collaboration avec le Docteur Pery.
Société de médecine de Bordeaux, 17 février 1911.

108. **Sur un cas d'éclampsie observé à cinq mois et demi de grossesse.**
Société d'obstétrique de Paris, 16 mars 1911.

109. Mensuration externe d'un bassin justo-major observé chez une femme géante mesurant 2^{m}15 de taille.

Société d'obstétrique de Paris, 16 mars 1911.

110. Hémorragie sus-épicrânienne chez un nouveau-né.

En collaboration avec le Docteur Balard.
Société d'obstétrique de Bordeaux, 27 octobre 1911.

111. Hémorragie mixte par décollement du placenta. Mort quelques heures après l'accouchement.

Journal de médecine de Bordeaux, 23 janvier 1912.

112. Accidents d'éclampsie suivis de néphrite chronique.

En collaboration avec le Docteur Balard. Société d'obstétrique de Bordeaux, 14 mai 1912. *Journal de Médecine de Bordeaux*, 24 septembre 1912.

113. Oreillons chez une femme arrivée au terme de la grossesse. Accouchement pendant la période aiguë. Enfant bien portant, nourri par sa mère et n'ayant présenté aucun symptôme d'infection ourlienne.

Société d'obstrétique de Bordeaux, 27 janvier 1914.

114. Grossesse double avec hydramnios des deux œufs. Enfants vivants.

Société d'obstrétique de Bordeaux, juin 1914.

V

MÉMOIRES D'ANATOMIE OBSTÉTRICALE

ET DE TÉRATOLOGIE

115. **Malformation du pavillon de l'oreille droite
chez un nouveau-né.**

Société d'anatomie et de physiologie de Bordeaux,
13 décembre 1881.

116. **Anomalie gemellaire.**

Société d'anatomie et de physiologie de Bordeaux,
7 février 1882.

117. **Doigts et orteils surnuméraires
chez un nouveau-né.**

Société d'anatomie et de physiologie de Bordeaux,
28 février 1882.

118. **Corps fibreux du ligament large au voisinage
de la trompe.**

Société d'anatomie et de physiologie de Bordeaux, 1883.

119. **Lésions syphilitiques du col utérin.**

Société d'anatomie et de physiologie de Bordeaux, 1885.

120. Anomalie placentaire.

Société d'anatomie et de physiologie de Bordeaux, 1885.

121. Dégénérescence du placenta.

Société d'anatomie et de physiologie de Bordeaux, 1887.

122. Déchirure anormale de l'hymen chez une femme secondipare.

Société d'anatomie et de physiologie de Bordeaux, 1887.

123. Présentation d'un monstre de l'ordre des symeliens.

Société d'anatomie et de physiologie de Bordeaux, 1888.

124. Présentation d'un monstre de l'ordre des rhinocéphaliens.

Société d'anatomie et de physiologie de Bordeaux, 1888.

125. Recherches anatomiques chez un monstre omphalosite-paracéphale.

En collaboration avec le Docteur Chemin.

Société d'anatomie et de physiologie de Bordeaux, 1896.

126. Grossesse gemellaire avec hydramnios Malformation des deux fœtus.

En collaboration avec le Docteur Chemin.

Journal de médecine de Bordeaux, 1896.

127. Sur un cas d'achondroplasie. Cause de dystocie fœtale.

Gazette hebdomadaire des sciences médicales de Bordeaux, 1896.

128. Hernie des viscères abdominaux à travers le diaphragme chez un enfant à terme.

En collaboration avec le Docteur Princeteau.
Société d'obstétrique de Bordeaux, 1896.

129. Embryon de quelques jours inclus dans le placenta d'une grossesse à terme.

Bulletin médical, janvier 1898.

130. Myxome du placenta.

Journal de médecine de Bordeaux, 25 juin 1899.

131. Monstre cœlosmien schistosome.

En collaboration avec le Docteur Lautier.
Société d'anatomie de Bordeaux, novembre 1898

132. Etude d'un monstre derodyme.

En collaboration avec les Docteurs Marcourt et Tribondeau.
Société d'obstrétique de Paris, 18 janvier 1900.

133. Atrésie du col de l'utérus cause de dystocie.

Société d'obstrétique de Bordeaux, 10 décembre 1901.

134. Monstre pseudencéphale.

Journal de médecine de Bordeaux, 17 janvier 1909.

135. Sur un cas de pseudencéphalie.

En collaboration avec le Docteur Brandeis.
Réunion biologique de Bordeaux, 14 novembre 1908.

136. Spina-bifida chez un enfant vivant.

Société obstrétique de Bordeaux, 14 mai 1912.

137. Fœtus achondroplasique.

En collaboration avec le Docteur Aubaret.
Société d'obstrétique de Bordeaux, 23 juillet 1912.

VI

MÉMOIRES ET OBSERVATIONS

Relatifs a l'hygiène sociale

Et a la protection de l'enfance du 1er age

---

138. Des résultats hygiéniques obtenus par l'assainissement des landes de Gascogne.

Mémoire présenté au Congrès international d'hygiène de Turin, en 1880.

Dans ce mémoire, nous avons montré la part considérable qu'avaient eue les travaux d'assainissement entrepris par notre père, en 1856, dans les landes de Gascogne, au point de vue de l'abaissement de la mortalité générale et de la disparition à peu près complète dans cette région de la France des fièvres endémiques et de la Pellagre.

139. De l'opportunité de créer à Bordeaux un institut spécialement réservé aux enfants rachitiques et atteints de difformités physiques.

Communication à la Société d'hygiène publique de Bordeaux, 1882.

Ce mémoire, écrit à l'époque où nous étions interne à l'hôpital des Enfants assistés de Bordeaux, et à la suite d'un voyage en Italie, fait ressortir les mauvaises conditions d'hygiène dans lesquelles se trouvaient les enfants reçus à l'hospice des Enfants assistés, situé dans le quartier de Paludate. Nous conseillâmes la création d'un sanatorium, idée qui a été quelques années après réalisé par le Docteur Armaingaud, à Arcachon.

140. De l'isolement des varioleux à Bordeaux.

Communication à la Société d'hygiène publique de Bordeaux, 1882

Étude sur cette question et sur les résultats obtenus à Bordeaux par la création d'un service spécial d'isolement, dont nous avions été l'interne à l'hôpital Pellegrin.

141. Contribution à l'étude de l'influence de l'intoxication saturnine sur la marche de la grossesse et l'état de l'enfant.

Communication à la Société d'hygiène publique de Bordeaux, 1887.

Dans cette publication, nous énumérons un certain nombre d'observations, recueillies dans les hôpitaux de Bordeaux, de femmes enceintes atteintes d'intoxication saturnine.

Il s'agissait le plus généralement de femmes employées à une industrie spéciale à la région et consistant dans la fabrication de capsules métalliques à base de plomb, destinées à recouvrir les bouchons des bouteilles de vin.

Cette industrie ayant pris un très grand développement à Bordeaux, et le nombre de femmes qui y étaient employées étant très considérable, nous crûmes utile d'appeler sur cette question l'attention de nos collègues.

142. De l'assistance aux femmes en couches en dehors des hôpitaux.

Rapport présenté au Congrès d'assistance publique, août 1900.

143. De l'assistance de l'enfant avant sa naissance.

Congrès d'assistance publique de Bordeaux, 1903.

144. La question du lait dans les stations climatiques et balnéaires.

Communication au 2e Congrès français de climatothérapie
et d'hygiène urbaine, Arcachon, 1905.

145. De l'importance de surveiller l'origine du lait destiné aux nourrissons.

Congrès international de protection de l'enfance,
Berlin, septembre 1911.

---

146. De la morti-natalité dans les grandes villes de France.

Société obstétricale de France, 6 octobre 1911.

147. Etude sur la morti-natalité à Bordeaux de 1880 à 1910.

Société de médecine de Bordeaux, 5 mai 1911.

148. Etude statistique sur la mortalité infantile à Bordeaux de 1880 à 1910.

Société de médecine de Bordeaux, juin 1911.

---

149. Le Congrès de Berlin pour la protection de l'enfant du premier âge.

Mémoire présenté à la Société de médecine de Bordeaux,
novembre 1911.

Dans ce mémoire, nous donnons une analyse des principaux travaux qui ont été présentés au Congrès international pour la protection de l'enfance du premier âge, qui s'est tenu à Berlin, en septembre 1911.

---

150. Nouvelles recherches sur la morti-natalité et la mortalité infantile à Bordeaux et dans le département de la Gironde.

Société de médecine de Bordeaux, 1913.

151. Mortalité infantile en France suivant le sexe des enfants.

Société de médecine de Bordeaux, 1913.

Travail statistique très complet, d'après les renseignements fournis par le Ministère du Travail et de la Prévoyance sociale, et d'où il résulte que pendant la première année de l'existence la mortalité des garçons est toujours manifestement supérieure à celle des filles.

152. Variation de la morti-natalité en France suivant le sexe et les conditions sociales des enfants.

Communications à la Société d'obstétrique et de gynécologie de Paris, 1916.

Dans ces communications, nous avons démontré, d'après les statistiques officielles les plus récentes fournies par le Ministère du Travail et de la Prévoyance sociale, qu'en France la morti-natalité variait d'une façon très sensible avec le sexe et les conditions sociales des enfants. Elle est manifestement plus élevée chez les garçons que chez les filles, et beaucoup plus élevée chez les enfants naturels que chez les enfants légitimes.

153. Statistique raisonnée de la morti-natalité en France.

Mémoire publié par la *Revue scientifique*, 1er-8 juillet 1916.

Dans ce mémoire, nous avons résumé toutes nos publications précédentes sur la morti-natalité en France. Il est accompagné d'une carte où chaque département figure avec le taux de la morti-natalité.

154. **Morti-natalité et mortalité infantile en Espagne.**

Société de médecine de Bordeaux, 8 mai 1914.

Ce mémoire résume ce que nous avons pu observer en Espagne pendant un voyage effectué en avril 1914. Nous avons été à même de constater que la morti-natalité n'était guère plus élevée dans les diverses provinces de l'Espagne qu'en France; mais que la mortalité infantile, au contraire, y présentait un taux beaucoup plus élevé.

155. **Répartition de la morti-natalité en France suivant les différents départements.**

Communication à la Société d'obstétrique et de gynécologie de Paris, 1915.

Dans ce mémoire, nous établissons la grande différence que présentent au point de vue de la morti-natalité les différents départements de la France. Elle varie du simple au double suivant les départements que l'on étudie. D'une façon générale, elle est beaucoup plus élevée dans les départements du Midi que dans ceux du Centre, où elle présente son minimum.

156. **De la mortalité par diarrhée infantile à Bordeaux suivant le sexe des enfants.**

Société de médecine de Bordeaux, 1913.

Dans ce mémoire, nous avons étudié, pour la ville de Bordeaux, d'après les statistiques officielles, quel était le taux de la mortalité des enfants par diarrhée, pendant vingt-deux années consécutives. A part une seule exception pour l'année 1896, nous avons constaté que la diarrhée infantile avait toujours frappé un plus grand nombre de garçons que de filles.

157. **Alcool et morti-natalité.**

Société de médecine de Bordeaux, 1914.

Dans ce travail, nous avons montré, d'après les statistiques officielles, qu'en France la morti-natalité des enfants était beaucoup plus considérable dans les départements à forte consommation d'alcool surtaxé (absinthe, amers, etc.) que dans les départements où cette consommation était peu considérable. Deux cartes de France, où chaque département est indiqué avec le nombre de mort-nés et celui de sa consommation en alcool surtaxé, sont très démonstratives à ce sujet.

---

158. **Notice sur la protection et la préservation de l'enfant avant sa naissance, avec projections photographiques.**

Mémoire rédigé sur la demande du Ministère de l'Instruction publique et des Beaux-arts, pour le Musée pédagogique.

Ce mémoire, destiné à la vulgarisation des notions d'hygiène sociale, est plus particulièrement destiné aux membres de l'enseignement élémentaire. Il est accompagné d'une série de vues photographiques, la plupart originales, destinées à être projetées et à montrer tous les dangers qui menace l'enfant depuis le moment de la conception jusqu'au moment de sa naissance.

Paris, 1917.

TABLE DES MATIÈRES

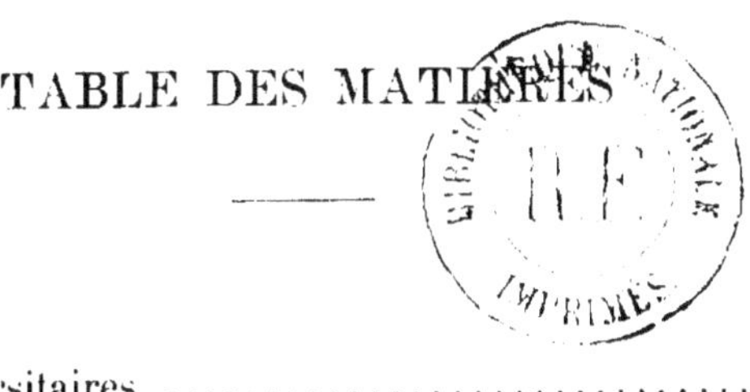

84321. — Bordeaux. — Imprimerie G. Delmas, 6, place Saint-Christoly.